J.-B. COUVE

(1842-1892)

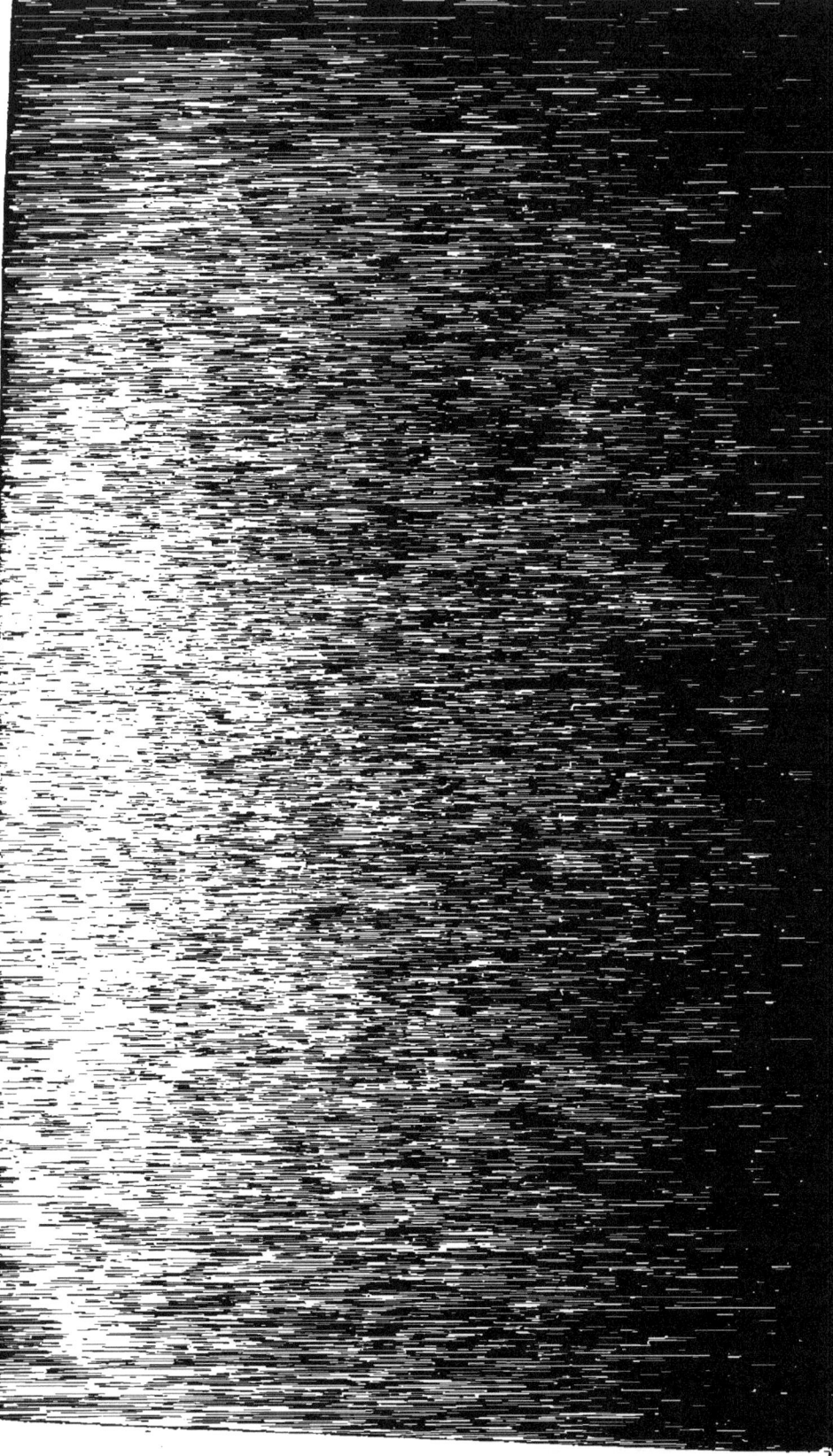

J.-B. COUVE

(1842-1892)

Cette brochure s'adresse aux parents et aux amis de Baptistin Couve, ainsi qu'aux Unions chrétiennes de jeunes gens : elle contient les discours prononcés sur la tombe de l'ami excellent que nous avons perdu, ainsi que quelques extraits de journaux publiés à l'occasion de sa mort ; nous y ajoutons, précédé de deux délibérations, extraites des procès-verbaux du Consistoire de l'Église réformée de Bordeaux et de la Société des prêts gratuits de Bordeaux, un des nombreux articles écrits par J.-B. Couve et insérés dans le journal des Unions chrétiennes de jeunes gens de France.

Ces pages étaient peut-être destinées à l'oubli, nous les recueillons, non pour faire un livre, mais pour garder un souvenir moins fugitif et une image plus nette de celui qui nous a quittés.

J.-B. Couve est décédé à Bordeaux le 20 mars 1892, à l'âge de quarante-neuf ans. Il était l'un des fils de feu M. Jean-Baptiste Couve, ancien courtier d'assurances maritimes, ancien administrateur d'un grand nombre d'œuvres et d'établissements charitables, et qui a laissé, dans notre ville et dans l'Église protestante de Bordeaux, le souvenir d'une longue vie honorable entre toutes et digne de tous les respects.

Né à Bordeaux le 27 octobre 1842, J.-B. Couve fils, après avoir fait une partie de ses études à l'institution Duplessis-Mornay, à Paris, est allé compléter son éducation en Angleterre, où il s'est acquis, dès cette époque, par « sa droiture de cœur et d'esprit, par ses sentiments doux et consciencieux, par sa piété sincère et profonde » ([1]), de solides et durables amitiés. A son retour en France, il a trouvé dans le bureau de son père, et plus tard de son frère aîné, une position des plus honorables, et y a rendu, par ses nombreuses qualités et son entente des affaires, les plus grands services. Dans ses moments de loisirs, il s'occupait d'œuvres pieuses et écrivait déjà, en novembre 1861, dans l'*Église militante*, rédigée par le Révérend Émilien S. Frossard.

Le 5 septembre 1865, il s'est marié avec une des filles de M. Camille Faure, de la maison Faure frères, de Bordeaux, Mlle Nelly Faure. Jusqu'à son dernier

---

[1] Extrait d'une lettre de M. Luke, chez qui J.-B. Couve a passé plusieurs mois à l'âge de quinze ans, en Angleterre.

jour, J.-B. Couve a partagé sa vie entre les affaires, les bonnes œuvres de toute nature et sa famille, prenant souvent à cette dernière, dont l'affection lui était si chère, bien des heures qu'il aurait pu lui consacrer, pour en faire profiter ses innombrables devoirs de charité, qu'il plaçait bien au-dessus de tout ce qui lui était personnel. C'était pour lui un besoin de se répandre et de se donner, et il semblait n'avoir d'autre préoccupation que de propager autour de lui, par sa piété joyeuse et par ses vertus évangéliques, des sentiments de paix, de charité et d'amour. Le vide que son départ creuse dans les rangs de ses amis est difficile à combler, tant sont choses rares, appliquées à un tel but, ses aptitudes variées et sa féconde activité.

Dès l'annonce de sa mort, tous les journaux de Bordeaux, la *Gironde*, le

Nouvelliste, le *Bordeaux-Journal*, la *Petite Gironde*, ont été unanimes à exprimer leurs regrets et à envoyer à la famille de M. J.-B. Couve des témoignages de sympathie. Les lignes qu'ils lui ont consacrées sont trop identiques dans la forme pour être toutes recueillies dans cette brochure ; nous nous bornons à la reproduction des suivantes :

Gironde, du 21 mars 1892 : « Nous apprenons avec un vif regret la nouvelle de la mort d'un homme de bien, M. Jean-Baptiste Couve, décédé ce matin après une courte maladie.

» M. Couve occupait dans notre ville une grande situation commerciale. Ses qualités d'esprit et de cœur le feront regretter de tous ceux qui l'avaient connu.

» Il laisse plusieurs enfants, dont l'aîné, Louis, ancien élève de l'École normale supérieure, se trouve actuellement à l'École française d'Athènes. »

Nouvelliste, du 21 mars 1892 : « Nos lecteurs apprendront comme nous, avec un vif sentiment de regret, la mort de M. Jean-Baptiste Couve, survenue ce matin, à la suite d'une courte maladie.

» M. Couve était âgé de quarante-neuf ans. Il occupait, dans le commerce bordelais et dans la société de notre ville, une situation considérable. Mêlé très activement à toutes les œuvres charitables et philanthropiques, ses rares qualités intellectuelles et morales lui avaient concilié parmi nous d'unanimes sympathies.

» Le défunt appartenait à la religion réformée. Il était membre du Consistoire. »

Le mardi 22 mars, à dix heures du matin, les restes mortels de M. Baptistin Couve ont été conduits au champ du repos. Membre du Consistoire, président, vice-président ou membre très actif de multiples Comités d'évangélisation ou de bienfaisance, il avait obligé infatigablement, toute sa vie ; ses funérailles ont été comme un deuil public. Vingt-deux pasteurs, MM. Cadène, Louitz, Mathieu, Ch. Recolin, Momméja, Morand, de Bordeaux; Paul Monod, d'Arcachon; Faivre, de Saint-Aubin-de-Blaye; Dubois, pasteur de l'Église libre; Burke, pasteur anglais; Lindenbeim, pasteur allemand; Lambert, de Sainte-Foy; Herding, de Laforce; B. de Saint-Affrique, des Bouhets; Laforgue, des Briands; Thenaud, directeur de la colonie de Sainte-Foy; Cadier, de Pau; Soulier, de Paris; Bourel, Ratier, Kissel et Blanc, anciens pasteurs, et un immense concours d'amis, venus et accourus spontanément, quelques-uns de fort loin, lui faisaient cortège; rarement on avait vu dans une foule recueillement plus solennel.

M. le pasteur Cadène présidait cette douloureuse cérémonie.

A la maison mortuaire, après la lecture de la parole de Dieu, M. le pasteur

Soulier, de Paris, parlant au nom de l'amitié, s'exprime en ces termes :

« Je suis partagé entre le désir de me taire et le besoin de parler. Sous ce coup qui m'atteint, moi aussi, j'aimerais à demeurer dans le recueillement de ma douleur, j'ai perdu plus qu'un ami, j'ai perdu un frère ; mais, d'autre part, mon cœur voudrait longuement s'épancher : il y aurait tant de choses à dire.

» Pendant plus de vingt ans, dès le premier jour de mon ministère à Bordeaux, nous avons, M. Couve et moi, travaillé ensemble, prié ensemble. Que d'entretiens remplis du souci de notre Église et du règne de Dieu ! Je le voyais souvent, j'aurais voulu le voir davantage, tant notre communion de pensée était entière. Il me fut un aide toujours prêt, le conseiller laïque si nécessaire au pasteur, aussi délicat que sincère. Nos âmes étaient liées, ainsi que le furent l'âme de Jonathan et celle de David.

» Vraiment, on ne pourrait faire le panégyrique de M. Couve ; on ne court pas le risque, avec lui, de dépasser la mesure. Et cependant j'ai l'intention d'être très sobre.

» Ils sont nombreux, ceux qui connaissaient M. Couve. A Bordeaux, en France et jusqu'à l'étranger, on ne saurait compter ses amis, ou correspondants, ou obligés, à qui il donnait beaucoup de son temps et de son dévouement. Nul n'avait sa journée plus pleine; et cependant, si vous lui demandiez d'y ajouter pour rendre un service, puis, pour en rendre un second et un troisième, il acceptait tout et il faisait tout. C'était tout simplement merveilleux. Il avait, sans doute, reçu des dons spéciaux de Dieu. Prenons garde, toutefois, on peut avoir reçu des dons et les négliger : n'est-ce pas chose commune ? ou les employer pour soi : n'est-ce pas le cas général ? Notre ami, dès sa jeunesse, avait mis au service de son Dieu tout ce qu'il avait reçu de lui. Et c'est au service de son Dieu qu'il a si persévéramment servi son prochain. M. Couve était, en un mot qui explique tout, un chrétien, oh! mais un chrétien vrai, authentique, ne prétendant pourtant pas être parvenu au but. De tels chrétiens sont humbles avant tout. Notre ami, dans les pages qu'il a laissées aux siens, commence par s'humilier devant Dieu. Il n'en était pas moins un de ces chrétiens rares dont la personne, la vie et l'activité sont tout entières pénétrées de l'esprit de Jésus-Christ, un chrétien conséquent, chez qui il n'y a pas le chrétien et, à côté, un autre homme réservé, un chrétien qui n'est que chrétien dans tout ce qu'il pense, dit ou fait, par la pente naturelle de sa volonté et de son cœur sanctifiés, faisant les affaires de Dieu chrétiennement et chrétiennement ses propres affaires. Et c'est lui qui s'en va, quand il n'avait pas encore cinquante ans, lui qui nous paraissait autant que jamais si nécessaire, et qui l'était sûrement. Qui prétendrait à sa succession? Qui pourrait, qui voudrait tenir sa place?

» Chers affligés, vous ne murmurerez pas cependant; vous ne vous découragerez même pas; car vous savez qui est votre Dieu. Je sais, au contraire, que cette épreuve sera bénie pour vous; elle vous rapprochera davantage encore de Dieu; elle accroîtra, elle enrichira votre foi. Chère sœur, vous achèverez, pour votre compte, vaillamment, l'œuvre commencée et continuée à deux. On nous lisait tout à l'heure cette parole de l'Apocalypse : « Heureux dès à présent les
» morts qui meurent dans le Seigneur : ils se
» reposent de leurs travaux et leurs œuvres

» les suivent. » Je pensais à cette œuvre : sa famille, ses enfants, élevés dans la piété et tous croyants comme lui. Laissant les présents, je nomme ce fils, qui n'a pu arriver à temps, qui ignore même le dénouement douloureux, ce fils aîné, que chacun serait heureux d'appeler son fils, et je nomme ce cher enfant qui n'est plus, si soumis à la volonté de Dieu, si touchant dans sa foi déjà si ferme et si sereine, qui accueille son père dans le ciel, où les voilà maintenant pour toujours réunis. Les enfants de M. Couve lui ont bien été comme « des plants d'olivier autour de sa table », comme « des flèches dans son carquois ». Il aurait pu dire de ses enfants, comme Paul des Corinthiens : « Vous » êtes une lettre de Christ, due à mon minis-» tère ; vous êtes ma lettre. »

» Relevons nos esprits abattus. Si, dans les premiers moments où l'on est atterré par son deuil, il s'en faut peu que l'on ne crie à Dieu : « Prends ma vie ! » devant l'exemple laissé par M. Couve, on se ressaisit et on comprend qu'il vaut la peine de vivre, si c'est pour vivre de la vie de notre ami. La parole de nos saints livres qui me paraît le mieux exprimer ce qu'a été sa per-

sonne et ce qu'a été sa vie, est celle-ci : « Le
» but du commandement, c'est l'amour, qui
» procède d'un cœur pur, d'une bonne con-
» science et d'une foi sincère. »

M. le pasteur Cadène, au nom de la
famille pastorale et au nom du Comité
général des Missions évangéliques qui
l'en avait spécialement chargé, avant
de terminer par la prière, ajoute les
mots suivants :

« A ce témoignage auquel je souscris de
tout mon cœur, je dois ajouter deux mots.
» Un mot d'abord au nom du Comité général des Missions évangéliques de Paris. Il
m'a chargé d'exprimer « ses profonds re-
» grets et son souvenir reconnaissant pour
» M. Couve, sa respectueuse sympathie pour
» la famille ; » je m'acquitte de ma tâche
avec le sentiment que l'expression, si sincère, si émue soit-elle, est encore au-dessous
de ce qu'il faudrait éprouver. Si l'œuvre des
Missions avait à Bordeaux un ami dévoué,
c'était lui. Il avait créé, il y a douze ans,
notre Comité auxiliaire, il en était l'âme.
C'était lui qui correspondait avec Paris et

avec les missionnaires ; à l'arrivée, au départ, il était là pour les accompagner ou les accueillir, il organisait réunions et fêtes. Son cœur était là.

» Un mot ensuite, comme pasteur, au nom des pasteurs. Nous perdons en lui l'un des nôtres. Il collaborait avec nous. Tout ce qu'il pouvait faire avec nous, pour nous, de lui-même il le faisait, ou pour simplifier la tâche, ou pour que dans l'Église, dont il avait tous les intérêts à cœur, rien ne souffrît. Et ce concours était si cordial ! il y mettait un si bon esprit ! nous l'aimions tant !

» Excellent ami, merci, au nom de la famille pastorale, pour le bien que vous avez fait autour de nous, pour celui que vous nous avez fait à nous-même et pour celui que fera longtemps encore votre souvenir. »

Au cimetière, après le service liturgique, M. Manès, secrétaire du Consistoire, au nom de l'Église réformée de Bordeaux ; M. le pasteur Herding, de Laforce, au nom des Unions chrétiennes de jeunes gens, et M. le doyen Stapfer, au nom de la Faculté des lettres de

Bordeaux et des amis de M. Louis Couve, membre de l'École française d'Athènes, prennent successivement la parole.

M. J. Manès prononce le discours suivant :

« MESSIEURS,

» Ce n'est pas sans une profonde émotion que je viens, au nom du Consistoire de l'Église réformée de Bordeaux, faire entendre sur la tombe de notre regretté collègue et ami d'unanimes et poignants regrets. Jean-Baptiste Couve était, en effet, un de ces hommes de piété, de devoir et de charité qui honorent non seulement leur famille, mais leur Église, et en lui rendant ce juste hommage, qui étonnerait son humilité et sa modestie, je ne fais que dire un peu plus haut ce que tous ici, parents ou amis, riches ou pauvres, protestants ou membres d'une autre religion, nous nous sommes répété tout bas en l'accompagnant à sa dernière demeure.

» Si la vie de notre excellent collègue a été courte, elle n'en a pas moins été large ment remplie. Élu membre du Consistoire en 1881, en remplacement de son vénéré père, J.-B. Couve a, depuis cette époque, fait partie sans interruption du Conseil de notre Église et il n'a cessé d'apporter à ses travaux et à ses délibérations le concours le plus efficace et le plus dévoué, se faisant remarquer non seulement par la droiture de son caractère et la fermeté de ses convictions, mais encore, dans la mesure du possible, par sa nature conciliante et la largeur de ses sentiments.

» Des premiers, notre cher collègue a compris et apprécié les avantages de notre organisation synodale officieuse. Délégué pendant plusieurs années aux synodes particuliers de la circonscription, il a pris part à plusieurs d'entre eux et a eu l'honneur d'être député en 1887 au Synode général de Saint-Quentin. Plus récemment enfin, le Synode de la VIIe circonscription le nommait membre de sa commission exécutive.

» En dehors de nos assemblées ecclésiastiques, J.-B. Couve a prodigué son activité à un grand nombre d'œuvres d'instruction et de charité. C'est à lui qu'est due la fondation de l'Union chrétienne de jeunes gens de Bordeaux, dont il a été président jusqu'à sa mort.

» Il était vice-président de la Société de prévoyance et de secours pour les veuves et orphelins de pasteurs, de la Société de secours mutuels du quartier nord, et du Comité du Sud-Ouest de la Société des Missions. Il était aussi membre de la Société du prêt gratuit, membre du Comité de la Société des traités religieux de Toulouse, du Comité de l'Asile Emilie, de celui de l'Orphelinat de Saverdun, de la Colonie agricole de Sainte-Foy, membre enfin de la Commission d'études de nos écoles protestantes ; et à toutes ces œuvres il apportait, avec une ardeur qui ne se démentait jamais, une collaboration constante et effective.

» Mais, dans son inépuisable charité et dans l'irrésistible besoin qu'il éprouvait de se dépenser pour les autres, ce n'était pas assez de toutes ces Sociétés bienfaisantes, d'autres bonnes œuvres, celles qu'un cœur charitable comme le sien sait découvrir pour ainsi dire à chaque pas, l'attiraient particulièrement. Toujours prêt à rendre service, il s'oubliait lui-même avec une touchante abnégation, allant sans cesse visiter les malades, consoler les affligés, apaiser les discordes, donner d'affectueux conseils ; et, en accomplissant comme une chose naturelle cette tâche sublime, il trouvait dans son cœur des trésors de sympathie pour toutes les souffrances, de charité pour toutes les misères, de bonté pour toutes les infortunes, et il les dépensait avec une fiévreuse activité, comme s'il avait pu pressentir que sa vie serait trop courte pour les épuiser. C'est ainsi qu'accumulant les devoirs et les obligations qu'il se créait pour faire autour de lui le plus de bien possible, il a pu, mais au détriment de ses forces et de sa santé, faire, dans sa trop courte carrière, une somme de bonnes œuvres que plusieurs vies suffiraient à peine à fournir.

» Adieu, cher et bien-aimé collègue, tu as choisi la bonne part, celle que la destruction ne peut atteindre ; et puisse la pensée consolante que tu jouis maintenant, auprès de Dieu, du bonheur des élus, apporter un adoucissement à la douleur de ta famille, si soudainement frappée.

» Ce ne sont pas seulement, cher Baptistin, des paroles impuissantes à reproduire ce que nous ressentons tous de ta perte prématurée que nous sommes venus apporter au bord de ta tombe; ce sont aussi les sentiments eux-mêmes qu'elles n'ont pu exprimer et qui débordent de notre cœur à la pensée de ne plus te voir dans la vie à nos côtés; ce sont surtout nos larmes que nous venons répandre devant ton cercueil et joindre à celles de ta compagne désolée, à celles de tes chers enfants et de tes frères bien-aimés, parce que ta mort n'a pas seulement fait pénétrer le deuil parmi les tiens, elle l'a fait entrer aussi dans notre chère Église, que tu affectionnais tant et où tu n'avais que des amis. »

M. le pasteur E. Herding s'exprime ensuite en ces termes :

« Messieurs,

» C'est au nom du Comité national des Unions chrétiennes de jeunes gens de France, dont j'ai l'honneur de faire partie; c'est au nom du Comité du Groupe du Sud-Ouest, dont M. Baptistin Couve a été longtemps le secrétaire général, et sur la demande de l'Union de Bordeaux, que je viens rendre un dernier hommage à l'homme si excellent dont nous pleurons tous le départ. Et il n'a fallu rien moins que le sentiment très vif d'un devoir, vis-à-vis d'une œuvre à laquelle je suis personnellement très redevable, pour me permettre de surmonter mon émotion et de prendre la parole sur la tombe d'un homme que j'ai aimé plus qu'aucun autre au monde.

» Les Unions chrétiennes de jeunes gens, Messieurs, constituent une œuvre essentiellement laïque et missionnaire, réunissant autour d'un même drapeau et en vue d'un même but, tous les jeunes gens du monde entier, qui « regardant Jésus-Christ le Fils unique de Dieu comme leur Sauveur, veulent travailler avec le secours du Saint-Esprit à l'avancement de son règne parmi les jeunes gens ». Cette Œuvre, qui a commencé il y a moins de cinquante ans dans la chambre à coucher d'un jeune employé de commerce de Londres, par une réunion intime à laquelle il avait convié deux ou trois de ses amis, compte aujourd'hui près de 3,000 Sociétés répandues dans le monde entier et rallie plus de 300,000 jeunes gens autour de ce programme, qui commande l'attention de tout homme sérieux : le relèvement de la jeunesse par l'Évangile.

» M. Baptistin Couve a été pendant plus de vingt ans l'âme de ces Sociétés dans notre Sud-Ouest. Pendant plus de vingt ans, il a été à la tête de l'Union de Bordeaux, apportant dans l'accomplissement de cette tâche, souvent délicate, ce tact qu'il possédait à un si haut degré, ce zèle qu'il mettait en toutes choses, cette affabilité, cette bonté, cette cordialité qui donnaient à sa personne une physionomie si attachante et si originale, cet oubli de lui-même, cette préoccupation des autres qui ne peuvent venir que d'un cœur consacré à Dieu, cette humilité, cette simplicité, fruits de sa communion avec Christ.

» A une époque où les Unions chrétiennes étaient peu connues en France, et bien avant qu'une Société de ce genre existât à Bordeaux, M. Baptistin Couve était préoccupé de l'isolement des jeunes gens dans la grande ville. Et il allait auprès des employés de commerce, des ouvriers, des marins et des militaires, de l'atelier au bureau et du comptoir à la caserne, s'efforçant de faire parvenir à l'âme de chacun, par un bon livre ou par une bonne parole, quelque rayon de cette Vérité qui avait éclairé la sienne. En

1862, il fut un des fondateurs de la première Union chrétienne de jeunes gens de Bordeaux, dont il demeura le Président jusqu'en 1882.

» On était sûr de le trouver toujours le premier aux réunions du Vendredi soir, ayant pour chacun un mot affectueux, un conseil pratique, un encouragement, devinant à demi-mot ce qu'on lui laissait entrevoir, heureux quand il pouvait annoncer l'adhésion de nouveaux membres ou la fondation d'une Union nouvelle dans le sein de ce groupe du Sud-Ouest au développement duquel il s'est si activement employé. Je le revois encore dans les réunions annuelles de ce groupe, animant tout, pénétrant tout, veillant à tout, n'oubliant jamais rien ni personne, là comme ailleurs tout pour les autres. Et quand, sur ses demandes pressantes et réitérées, devant les obligations nouvelles et l'accumulation des responsabilités, il nous eut imposé une démission que nous eûmes — je ne sais trop comment dire — la faiblesse ou la charité d'accepter, il demeura encore notre conseiller. Président honoraire de l'Union actuelle, qui, grâce à lui, vient de s'établir dans un local digne d'elle, il suivait avec intérêt nos associations. Et quand, à la conférence de Laforce, il lui fut démontré que son concours était indispensable pour la bonne marche de l'Œuvre, homme de conscience et de devoir, il céda à nos sollicitations et consentit humblement à reprendre une part directe des charges dont il avait, dix ans auparavant, demandé qu'on le relevât.

» C'est que, malgré ses cheveux blancs, M. Couve était toujours aussi jeune, jeune d'esprit et jeune de cœur, et il comprenait et aimait toujours mieux les jeunes gens. On ne saura jamais le nombre de ceux qui ont trouvé en lui un conseiller bienveillant, ferme et sûr, un ami fidèle, un père. Un père... c'est ce qu'il a été maintes fois pour nous-même; c'est ce qui me permet, Messieurs, de dire que s'il eût été facile à l'Union de Bordeaux de trouver pour la représenter à cette douloureuse cérémonie quelqu'un de plus autorisé que celui qui vous parle, il eût été difficile de s'adresser à quelqu'un qui eût été plus à même que moi d'éprouver la sollicitude dont notre ami possédait une mine inépuisable.

» Ceci n'est pas du panégyrique, Messieurs. Nous n'avons pas le goût des oraisons funèbres et nous n'aimons pas d'ordinaire à idéaliser nos morts. En parlant comme nous parlons, nous ne faisons qu'exprimer ce que nos cœurs émus ressentent à cette heure. C'est d'abondance du cœur que notre bouche parle. Notre reconnaissance pour tout ce que notre ami a fait et a été pour nous depuis près de vingt ans que nous le connaissons, déborde. D'ailleurs, il n'est pas juste que le Juste meure sans qu'on y prenne garde. Il n'est pas juste que ceux qui ont vécu pour Dieu, qui ont donné leur vie pour leurs frères, disparaissent sans qu'il soit fait mention de leurs œuvres, dont la parole de Dieu nous dit qu'elles les suivent, et sans que leur vie soit donnée en exemple, à la seule gloire de Dieu.

» Où notre frère a-t-il puisé le secret de sa force et de son infatigable activité? Sans doute, Dieu avait réuni en lui une richesse de dons que l'on rencontre rarement dans une même personnalité. Mais s'il a fait valoir ces talents si variés comme il l'a fait, c'est qu'il vivait avec Dieu. Un pasteur qui parlait en ami le disait il y a un instant, M. Baptistin Couve était un chrétien. Un chrétien… c'est-à-dire qu'ayant senti sa misère naturelle, cette misère à laquelle le péché nous a tous fatalement assujettis, il était venu « travaillé et chargé » au pied de la croix du Sauveur; et, ayant trouvé le pardon et le salut, il brûlait du désir de faire part aux autres de cette grâce inestimable. Un jour, il avait rencontré Jésus sur sa route et à cet appel : « Toi, suis-moi! » comme naguère Lévy le péager, il s'était levé et avait suivi Jésus simplement, joyeusement avec reconnaissance et tout à Lui.

» Cet appel, je voudrais le faire entendre. Il n'eût pas manqué de le faire, s'il se fût agi d'un autre et qu'il occupât cette place : « Suis-moi! »

» Notre ami n'est plus. Il ne reviendra pas vers nous. Qui continuera ce qu'il avait lui-même commencé? Qui le remplacera? Il ne m'appartient pas de répondre. Mais je sais que de telles personnalités sont rares. Et je dis : Ce qu'il faisait tout seul, un seul ne peut le faire. Que plusieurs s'y mettent alors et que chacun prenne sa part.

» A une époque où l'on parle, et avec raison, de ce qu'il faut faire pour la jeunesse de nos grandes villes, ne se trouvera-t-il pas dans cette grande ville de Bordeaux un homme, un chrétien, qui ait à cœur le bien de la jeunesse, et qui, comprenant qu'il faut à la jeunesse autre chose que des distractions et des frivolités, se mette au courant de l'Œuvre des Unions chrétiennes et fasse de cette Œuvre sa chose ?

» Jeunes gens, mes amis, je demande à Dieu de vous susciter un ami tel que celui que, dans ses voies si mystérieuses, il lui a plu de vous reprendre. Je demande à Dieu de désigner quelqu'un et de lui dire : « Toi, suis-moi ! suis-moi à l'Union chrétienne et consacre-toi au bien de cette jeunesse, l'avenir de l'Église et l'avenir de la Patrie. » Mais s'il voulait vous laisser seuls, éprouver votre foi... vous avez appris, nous avons appris de celui que nous pleurons à prier, à accepter la volonté de Dieu et à travailler sous son regard.

» A la prière donc et au travail ! A la prière et au travail pour devenir meilleur au contact du Sauveur, pour poursuivre notre sanctification dans la crainte de Dieu et dans l'horreur du mal. A la prière et au travail, pour chercher vos jeunes frères, leur offrir votre affection, les conduire à ce Jésus fait pour l'âme humaine, comme l'âme humaine est faite pour Lui et leur faire voir en Lui la source du bonheur.

» Bénissons Dieu de ce que nous pouvons, aux réalités de la fosse où disparaît la forme humaine, opposer les radieuses perspectives que notre foi aux promesses de Dieu nous ouvre sur le séjour de la vie éternelle. Bénissons Dieu de ce que, en face de la mort qui nous terrifie et nous accable, nous puissions entendre la voix du divin Ressuscité nous dire en face d'un cercueil : « Je suis la résur-
» rection et la vie ; celui qui croit en moi
» vivra, quand même il serait mort, et celui
» qui croit en moi ne mourra jamais! »

» Bénissons Dieu pour ses grâces ; mais ces grâces, dispensons-les. Et après avoir connu l'amour, l'amour de Dieu en Jésus-Christ, prenons, je vous en supplie, pour principe et pour règle de conduite cette déclaration de l'apôtre saint Jean, qui me paraît tout ensemble résumer la vocation du chrétien et avoir été l'inspiration de toute la vie de notre frère : « Jésus-Christ a donné
» sa vie pour nous, nous devons donc, nous
» aussi, donner notre vie pour nos frères. »

M. Paul Stapfer, doyen de la Faculté des lettres de Bordeaux, prononce les paroles suivantes :

« Quelqu'un manque à cette triste cérémonie, celui même qui aurait dû conduire le deuil, le fils aîné de notre ami, M. Louis Couve, membre de l'École française d'Athènes.

» Appelé samedi par une dépêche auprès de son père mourant, il accourt, mais il arrivera trop tard pour lui rendre les derniers devoirs.

» Je viens au nom de la Faculté des lettres de Bordeaux, où il a été étudiant, au nom de tous ses amis et de ceux de son père, lui exprimer notre sympathie profonde. La perte immense qu'il fait et que fait sa famille, il nous est possible de la mesurer d'après la peine que nous avons tous éprouvée en apprenant la disparition subite de celui que les jeunes aimaient comme un père, que les hommes de son âge n'estimaient pas seulement, mais vénéraient, et qui fut par excellence — bien que sa modestie chrétienne n'eût pas voulu d'un tel éloge — le type de l'homme bienveillant, bienfaisant, serviable, charitable, ne vivant que pour être utile à autrui, remerciant avec une charmante simplicité tous ceux qui lui donnaient l'occasion de leur rendre service, et mettant vraiment son bonheur dans cette activité empressée, incessante, dévouée jusqu'au sacrifice de lui-même.

» Voilà le père que M. Louis Couve a perdu, voilà l'homme de bien que tout Bordeaux, que toute la France protestante regrette; et voilà pourquoi nous prenons, nous les amis, au deuil de la famille, une part intime, personnelle, qui est quelque chose de beaucoup plus qu'une sympathie extérieure et ordinaire. »

EXTRAITS

*Christianisme au XIX*ᵉ *siècle*, 24 mars 1892 : « Le directeur de ce journal, la paroisse de Bordeaux et nos Églises viennent d'être frappés de la façon la plus douloureuse et la plus inattendue; M. Jean-Baptiste Couve, plus connu sous le nom de Baptistin Couve, a succombé dimanche matin à une fluxion de poitrine qui, en quelques heures, l'a enlevé, à l'âge de quarante-neuf ans, à l'affection des siens.

» Ce coup sera douloureusement ressenti par tous ceux qui connaissaient et aimaient — c'est tout un — l'homme excellent, le chrétien d'élite qui nous est ravi, alors, ce semble, qu'il pouvait longtemps encore glorifier son Maître par une activité féconde et bénie.

» J.-B. Couve a été, dans sa jeunesse

comme dans son âge mûr, un modèle d'homme et de chrétien, et l'on ne savait ce qu'il fallait le plus admirer en lui de cette activité constante qui, sans lui faire aucunement négliger les devoirs de sa vocation terrestre, s'étendait aux objets les plus divers, de cette cordialité qui donnait tant de charme à sa société, de cette extrême modestie qui était seule à ignorer ce que tant d'efforts exigeaient de dévouement et de volonté. Son programme était vaste et simple : il était toujours prêt pour toute bonne œuvre.

A Bordeaux, il était devenu le représentant bénévole de divers Comités qui trouvèrent en lui un auxiliaire précieux, un ami dont la fidélité ne se lassait jamais. Nul ne saura tout ce qu'il a fait à cet égard, et l'on explique à peine comment, dans cette vie si occupée, il y avait place pour tant de choses. Il fit partie du Consistoire de Bordeaux depuis 1880 et se signala par la fermeté de ses principes comme par son amour ardent pour l'Église. Aussi digne de sa profession chrétienne dans l'intimité qu'au dehors, il s'est consacré au service de tout ce qu'il croyait bon et utile. Cette chaude sympathie qui l'attirait vers ceux qui souffrent, cette richesse du cœur qui se montrait dans les moindres détails de la vie de chaque jour, dans ces attentions délicates qu'il avait pour tous, cette puissance d'amour et de dévouement, notre bienheureux ami les avait trouvées, comme tant d'autres, aux pieds de Celui qui fait jaillir sur notre terre brûlée par l'égoïsme les sources de la vie nouvelle; mais, à la différence de beaucoup d'autres disciples de Christ, dont les inconséquences, dont les faiblesses ou l'esprit personnel éclate au grand jour, J.-B. Couve a été un chrétien complet, dépréoccupé de lui-même, se dépensant, heureux de se dépenser au service de Christ, et donnant à son Maître tout ce qu'il avait de tendresse, d'énergie et de volonté.

» Ah! pourquoi l'avons-nous perdu! Nous songeons avec une douloureuse émotion à tous ceux qui sont atteints par ce deuil, à sa compagne dévouée qui, pendant vingt-six ans, s'est associée à son activité, à ses six enfants dont l'aîné, M. Louis Couve, a appris au loin ce deuil imprévu, à tous les siens à qui il était uni par les liens d'une même foi et d'une étroite affection, et nous demandons au Dieu qui console de soutenir nos amis affligés dans la mesure où ils viennent d'être frappés; mais nous songeons aussi au vide si grand que J.-B. Couve laisse au milieu de nous. Il est parti en pleine force, quand notre sagesse à courte vue le jugeait encore si utile ici-bas. Comment ne pas entendre l'appel que ces départs nous adressent et ne pas demander à Dieu de mettre en nous quelque chose de la vaillance et de la joie de ceux qui l'ont glorifié ici-bas?

» G. MEYER. »

Église libre, 15 mars 1892 : « M. Baptistin Couve, de Bordeaux, frère de M. le pasteur Benjamin Couve, de Paris, vient de succomber dans sa famille à la suite d'une courte maladie, à l'âge de quarante-neuf ans.

» La nouvelle de cette mort, aussi soudaine que prématurée, causera la plus douloureuse émotion dans nos Églises, plus particulièrement dans celles du Sud-Ouest, où notre frère était universellement apprécié et aimé. Pendant les dix années de mon séjour dans le Lot-et-Garonne, j'ai soutenu avec lui des rapports fréquents et toujours pleins de cordialité, et je demande la permission de rendre hommage dans les colonnes de ce journal à la mémoire de l'homme, de l'ami, du chrétien.

» Pieusement élevé, Baptistin Couve avait donné de bonne heure son cœur à Dieu et l'avait donné tout entier. Sa grande préoccupation, au cours de sa jeunesse, avait été la fondation et le développement des Unions chrétiennes de jeunes gens, et l'on peut dire qu'il a été l'inspirateur et l'âme de ces excellentes Associations dans les bassins de la Garonne et de la Dordogne. Président de celle de Bordeaux et du groupe du Sud-Ouest, il assistait à toutes les assemblées dans tous les centres où elles avaient lieu, à Sainte-Foy, Saint-Aulaye, Bergerac, Tonneins, Clairac, Lafitte, Nérac, Pau, et quand il était là on était sûr que tout irait bien et que l'Esprit de Dieu, invoqué par les ferventes prières d'un tel chrétien, descendrait sur nos réunions.

» Plus tard, il s'intéressa vivement à l'œuvre des Missions évangéliques, et il ne laissait échapper aucune occasion de les faire connaître et de leur gagner des adhérents. C'était chez lui que descendaient les missionnaires de passage à Bordeaux qui venaient s'y embarquer pour l'Afrique.

» On comprend que l'Église de Bordeaux tint à utiliser les aptitudes et la piété d'un tel membre. Élu plusieurs fois au Consistoire, il s'est constamment fait remarquer par sa fidélité, par la consciencieuse exactitude avec laquelle il a rempli ses devoirs, par son esprit conciliant et fraternel, par son dévouement à toute épreuve pour l'avancement du règne de Dieu. Les pasteurs étaient toujours assurés de rencontrer en lui un auxiliaire zélé, ardent, qui, sans négliger ses affaires personnelles, n'hésitait jamais à descendre dans l'arène pour la cause de l'Église et pour le bien des âmes.

» Quelle activité que la sienne! C'est par centaines que des pasteurs, des laïques pieux, des directeurs d'œuvres d'évangélisation ou de charité sont entrés en rapport avec lui, et quel est celui qui n'a reçu de lui une réponse, une marque de sympathie, un témoignage d'affectueux intérêt? Il ne s'épargnait guère, et je ne sais quand il se reposait. Quelquefois, après une journée fatigante, à la suite de courses faites dans toutes les directions pour obliger des amis, il s'enfermait de longues heures dans son cabinet pour sa correspondance religieuse, heureux quand il avait rendu un service, réconforté une âme. J'estime qu'aux yeux de Celui devant qui tout est à découvert, peu d'hommes de notre génération ont plus efficacement servi les intérêts de l'Évangile dans notre patrie que Baptistin Couve. Impossible, après l'avoir vu et entendu quelques instants, de ne pas être attiré vers lui, de ne pas respecter ses principes, estimer son caractère, aimer sa loyale et sympathique nature et admirer sa foi.

» Que ne pouvait-on pas attendre encore de sa maturité, de son expérience et de ses lumières? Les voies de Dieu sont impénétrables. Les ouvriers les meilleurs sont emportés en pleine vigueur, au milieu de leurs plus chaudes espérances d'avenir. Je ne parle pas du deuil des siens, du déchirement cruel de leur cœur. Dieu a vu jusqu'au fond dans cet abîme de désolation, et il y fera pénétrer sa lumière, il versera sur ces plaies saignantes son baume consolateur. Notre frère n'a pas été pris à l'improviste : il était toujours prêt. Les choses d'en Haut lui étaient familières; la vie du ciel était dès ici-bas son élément. Il a combattu le bon combat : Dieu a jugé qu'il avait achevé sa course et son œuvre et a paré son front de la couronne de justice. Ce sont des poignées de gerbes mûres qu'il a emportées dans les greniers éternels !

» H. FARGUES, *pasteur.* »

Le Huguenot, avril 1892 : « . . . . . .
. . . .
» ..... Au cimetière, chacun avait des larmes dans le cœur. M. J.-B. Couve était si aimé et nous le sentions si utile, si nécessaire ! C'est pour la famille, pour l'Église, pour tous une force qui s'en va. Qui n'avait-il pas obligé ? Pour qui n'avait-il pas eu une attention ou un mot aimable ? Il avait toutes les bonnes pensées, les pensées du cœur, et les mots lui venaient prompts, heureux, charmants, spirituels, tant ils étaient naturels et coulaient de source. Dans les assemblées en plein air pour les missions et dans les conférences des Unions chrétiennes, cette cordialité ravissait ; on applaudissait toujours. Il ne savait pas refuser un service, il se multipliait, il menait de front les affaires et les devoirs, il s'épuisait et il avait toujours la même bonne humeur, la même douce obstination dans le travail et le dévouement.

Très ferme sur les principes, ne discutant jamais ce qu'il considérait comme son devoir, il souffrait le premier de la peine qu'il pouvait faire; il avait le cœur d'une délicatesse et d'une largeur bien rares; riches et pauvres, catholiques ou protestants, chrétiens des Églises libres ou de l'Église réformée, il ne négligeait personne, il se donnait à tous, et tous allaient à lui avec la même confiance, sûrs du même accueil. Cette amabilité, cette charité que rien ne lassait, il l'avait puisée et il la renouvelait chaque jour dans la communion avec le Dieu sauveur auquel il s'était donné de bonne heure et qu'il invoquait chaque jour agenouillé avec tous les siens. Les premières pages de ses dispositions testamentaires, que Mme Couve a bien voulu nous communiquer, témoignent d'une grande humilité et d'une grande foi. C'est là évidemment qu'était le secret de cette vie exceptionnellement riche en bonnes œuvres.

» Malgré sa modestie, M. J.-B. Couve était connu au loin, il était un de ces chrétiens qui, involontairement, rayonnent. Il a fait honneur à l'Église de Bordeaux, il eût fait honneur à toute Église, en France et au dehors. Que Dieu, qui nous l'avait donné, nous suscite beaucoup d'hommes comme lui et fasse revivre sa foi et toutes ses vertus en tous ses chers enfants pour la consolation de leur mère et le bien de nos Églises.

» J. CADÈNE. »

L'Éclaireur, 1er avril 1892 : « C'est le cœur rempli d'une émotion profonde que je voudrais rendre un hommage respectueux au chrétien éminent que l'Église réformée nationale et libre de Bordeaux vient de perdre.

» M. Baptistin Couve a été rappelé à Dieu en pleine activité, à l'âge de quarante-neuf ans, au moment où il semblait le plus utile à la cause du Maître. Ce deuil sera ressenti bien au delà de notre région, car nos missionnaires, nos prédicateurs, nos conférenciers, de passage à Bordeaux, ont constamment trouvé en lui l'homme de la situation qui avait tout su organiser pour faire réussir leurs projets.

» C'est en décembre 1862 que M. Couve, en fondant une Union chrétienne de jeunes gens, révéla sa piété pratique et active.

» Malgré de grandes difficultés, il donna

une vive impulsion à son œuvre, allant chercher les jeunes gens à l'atelier, au magasin, au bureau pour les réunir. Là, sa bonté, sa bienveillance, l'affection réelle qu'il témoignait à tous, gagnaient les cœurs les plus rebelles. Sa foi, l'ardeur de ses prières enflammèrent le zèle de plusieurs, et il fut beau le temps où, sous sa direction, quelques jeunes gens consacrèrent leurs après-midi du dimanche à visiter les malades, à distribuer des Traités religieux, à recruter des enfants pour les écoles du dimanche, à tenir des réunions sur les navires de la rade pour les marins anglais. Grâce à son initiative, sept Unions chrétiennes furent créées dans le Sud-Ouest, et pendant plusieurs années ce groupe fut des plus vivants.

» A dater de cette époque, M. Couve devenait l'instigateur, l'âme des œuvres d'alliance évangélique. Mission intérieure, missions évangéliques, mission Mac-All, réunions de prières de la semaine de janvier, fêtes missionnaires à la campagne, il s'occupait de tout, aplanissant les difficultés, ménageant les susceptibilités, se chargeant des démarches les plus délicates, et accomplissant ces devoirs difficiles très simplement, avec une bonhomie, une joie communicatives.

» Fermement attaché à son Église, qui l'avait nommé membre du Consistoire, il enveloppait tous les chrétiens dans une même affection ; aussi la cause de l'alliance évangélique perd-elle en lui un de ses plus zélés et plus dignes représentants.

» Toutefois, ces travaux multiples, qui eussent suffi pour absorber une activité peu ordinaire, étaient peu de chose à côté des heures que M. Couve consacrait au service des malheureux. Le nombre des lettres écrites le soir au détriment de son sommeil, de places procurées, de sommes distribuées aux pauvres, de visites faites aux malades ou aux affligés, est incalculable. Notre frère ne pouvait avoir connaissance d'une misère sans y compatir d'une manière efficace. Sa charité, jamais lassée, était débordante. Aussi a-t-on pu dire qu'il était reconnaissant à ses obligés de lui avoir procuré l'occasion de leur rendre service. Ce trait caractérise cette existence si riche, si bien remplie.

» Que Dieu se tienne près de la famille si éprouvée ; qu'il suscite des hommes d'action, de prière, de largeur chrétienne, dont M. J.-B. Couve restera un des types les plus distingués.

» Th. ESCANDE. »

Le Protestant, 2 avril 1892 : « Le Consistoire de Bordeaux a perdu l'un de ses membres, M. J.-B. Couve, bien connu par l'orthodoxie rigoureuse de ses convictions, mais aussi par l'affabilité de son caractère et la générosité avec laquelle il contribuait aux œuvres d'évangélisation et de charité. »

Journal des Missions évangéliques, avril 1892 : « Une nouvelle, aussi imprévue que douloureuse, nous arrive de Bordeaux : un des meilleurs amis, un des plus fidèles soutiens de notre Société, M. Baptistin Couve, vient d'être repris à sa famille et à l'Église dans la nuit du 19 au 20 mars.

» Les voies de Dieu sont des voies de miséricorde; « la mort des bien-aimés de » l'Éternel est précieuse à ses yeux » : nous avons besoin de nous en souvenir pour accepter des dispensations aussi mystérieuses, aussi incompréhensibles que celle qui nous reprend, en un instant, un homme à vues humaines si utile, si indispensable que M. Baptistin Couve.

» Nous n'avions pas, dans toute la région du Sud-Ouest, nous pourrions dire dans tout le protestantisme français, de collaborateur laïque plus dévoué, plus actif.

» Preuve en soit ce Comité auxiliaire du Sud-Ouest, dont il était l'âme ; les belles fêtes des Missions de la vallée de la Dordogne et du Béarn, qu'il avait tant contribué à organiser, à acclimater ; la correspondance incessante qu'il soutenait avec la Maison des Missions ; l'hospitalité qu'il exerçait envers nos missionnaires de passage à Bordeaux....

» Hier encore, il préparait la visite de M. Dieterlen à Bordeaux, et l'un de nos missionnaires du Congo, M. Allégret, qui doit s'embarquer dans cette ville avec son collègue, était invité à loger chez lui à son passage.

» Et que dire des services innombrables que M. Couve a rendus à nos missionnaires eux-mêmes ! M. Couve sera pleuré dans tous nos champs de travail ; sa maison était, pour ceux de la côte occidentale d'Afrique en particulier, une sorte de succursale de la Maison des Missions de Paris, une maison toujours ouverte et où on était assuré de trouver un accueil toujours chaud et bienveillant.

» C'est là surtout ce qui donnait du prix à la collaboration de M. Couve, c'était ce cœur plein d'affection et de bonté qui doublait la valeur des services qu'il rendait à notre cause et à ses ouvriers.

» Que notre Société célébrât son anniversaire, qu'un missionnaire s'embarquât pour le Sénégal, nous pouvions être sûrs de recevoir ici un télégramme de M. Couve, nous envoyant ses messages et ceux du Comité dont il était vice-président, ou nous donnant des nouvelles de celui qui venait de partir.

» Dieu sait ce qu'il fait; il jugeait M. Couve mûr pour le ciel, puisqu'il l'a repris à lui; mais nous, qui pouvons mesurer le vide qu'il laisse, nous le pleurons, et nous nous sentons appauvris et moins forts pour la lutte.

» Que Dieu, qui console les affligés, console la famille de notre ami, et qu'il fasse reposer sur elle une bénédiction spéciale à cause de son chef; qu'il console aussi notre Société en lui faisant trouver de nouveaux soutiens à la place de ceux qu'il juge bon de lui reprendre. »

Semaine religieuse de Genève, 2 avril 1892 : « M. Baptistin Couve, membre du Consistoire de Bordeaux et frère du pasteur de Paris, a été enlevé le 20 mars, à l'âge de quarante-neuf ans et demi, par une fluxion de poitrine qui l'avait saisi d'une manière inopinée.

» M. J.-B. Couve était un laïque comme on en rencontre peu. Sans négliger les devoirs de sa vocation commerciale et les soins que réclamait sa nombreuse famille, il s'employait avec un empressement joyeux à l'œuvre du Seigneur. Les missions, les écoles du dimanche, l'Union chrétienne de jeunes gens, qu'il avait longtemps présidée à Bordeaux; le Synode officieux des Églises réformées, où il avait siégé au moins une fois; les œuvres d'évangélisation, en particulier celle de Saint-Aubin-de-Blaye, n'avaient pas d'ami plus actif ni plus dévoué. Quand ses occupations l'appelaient en Angleterre ou en Écosse, il acceptait volontiers d'y représenter les Associations religieuses du protestantisme français.

La cordialité, la modestie, le désintéressement de M. Couve, l'obligeance avec laquelle il ouvrait sa maison à tous les ouvriers du Règne de Dieu, lui avaient valu l'affection de tous ses frères en la foi. Sa mort prématurée crée un grand vide dans l'Église réformée de Bordeaux et cause une douloureuse émotion dans toutes celles du Sud-Ouest de la France. »

The Christian, 7 avril 1892 : « Not only the French Reformed Protestant Church, but a much wider circle, mourns the death of Jean-Baptiste Couve, at the early age of forty-nine. For several years a member of the Consistory of Bordeaux, he was the soul of various Christian Societies, never failing to attend meetings wherewer held, in the departments of Gironde and Dordogne. His hospitable house was ever open to representatives of the missionary cause, whether French, on their way to Africa, or English, German, Dutch, or Swiss. During his frequent visits to England and Scotland he ever struck the note of Christ's cause for his beloved France. His chief characteristics were unselfishness and modesty. Whenever and wherever he had rendered a service, with a warm grasp of the hand, he would say, « Merci » (« Thank you »), as if he, and not the helped one, had been the recipient of favour (1).

L'Espérance, organe des Unions chrétiennes de jeunes gens de France, 15 avril 1892 : « Le Seigneur vient de rappeler à lui notre cher et regretté ami, M. J.-B. Couve, président honoraire de l'Union chrétienne des jeunes gens de Bordeaux, président honoraire du Comité du groupe du Sud-Ouest, ravi, dans la force de l'âge, à l'affection des

---

(1) Ce n'est pas seulement l'Église protestante réformée de France, mais un cercle d'amis bien plus étendu, qui déplore la mort prématurée de Jean-Baptiste Couve, à l'âge de quarante-neuf ans.

Membre du Consistoire de Bordeaux depuis plusieurs années, il fut l'âme de plusieurs Sociétés chrétiennes, et ne manqua jamais d'assister à toutes leurs réunions, où qu'elles fussent tenues, dans les départements de la Gironde et de la Dordogne; sa maison hospitalière était toujours ouverte aux représentants de l'Œuvre des missions, soit Français en route pour l'Afrique, soit Anglais, Allemands, Autrichiens ou Suisses.

Pendant ses fréquents voyages en Angleterre et en Écosse, il prêcha toujours la cause du Christ en faveur de son bien-aimé pays. Ce qui le caractérisait surtout, c'était le désintéressement et la modestie; chaque fois qu'il avait rendu un service à quelqu'un, il avait coutume d'accompagner sa chaude poignée de main du mot « merci », comme si c'était lui et non un autre qui était l'obligé.

siens et de ses nombreux amis. Il est mort en pleine activité, enlevé en huit jours par une bronchite dégénérée en fluxion de poitrine.

Cette perte, aussi soudaine qu'inattendue, a plongé dans la consternation tous ceux qui connaissaient et par suite aimaient M. J.-B. Couve. Avec lui, ce n'est pas seulement un homme, un ami qui disparaît, c'est un type du vrai chrétien. Car c'était un homme à la foi inébranlable, aux convictions fortes et arrêtées, d'une sincérité à toute épreuve, toujours fidèle à ses principes et à son Dieu. Avec cela d'une bonté allant presque jusqu'à l'exagération ; il avait une activité dévorante et ne ménageait ni son temps ni ses forces à s'employer pour les autres, toujours prêt à rendre service, pensant à tout et à tous. D'ailleurs, ses hautes qualités morales se reflétaient sur sa figure toujours joyeuse et souriante. Il affectionnait particulièrement la jeunesse et il s'était toujours occupé de nos Unions chrétiennes du Sud-Ouest, qui maintenant le pleurent, car elles ont perdu avec lui leur plus fidèle soutien.

» Avec un tel caractère, il n'est pas étonnant que M. J.-B. Couve ait été aimé de tous ceux qui l'approchaient. Et c'était un spectacle vraiment émouvant de voir, le mardi 22 mars, cet immense cortège conduisant à sa dernière demeure la dépouille mortelle de notre ami. C'est M. le pasteur Cadène, président du Consistoire de Bordeaux, qui présidait l'enterrement. A la maison mortuaire, après la lecture de quelques versets de la Bible, M. le pasteur Soulier, de Paris, a pris la parole comme ami et a retracé en quelques mots émus et partant du cœur la vie et le caractère de M. J.-B. Couve. M. Cadène a lu ensuite un télégramme de sympathie de la Société des Missions de Paris; il a aussi exprimé des regrets aux noms des différentes œuvres de Bordeaux, dont M. Couve s'occupait activement, et a terminé par une fervente prière.

» Le long convoi s'est mis en marche dans l'ordre suivant : Après la famille marchait le corps pastoral, composé d'une vingtaine de pasteurs, tant de Bordeaux que des environs, puis les membres du Consistoire, l'Union chrétienne des jeunes gens, etc.

» Au cimetière, après la lecture de la liturgie, M. J. Manès, au nom du Consistoire de Bordeaux, dont M. J.-B. Couve faisait partie depuis 1881, a adressé un dernier adieu à ce collègue si dévoué et si utile. M. le pasteur Herding, sur la demande de l'Union chrétienne de Bordeaux et du Comité du groupe du Sud-Ouest, a prononcé une allocution. Enfin, M. Paul Stapfer, doyen de la Faculté des lettres de Bordeaux, au nom des nombreux amis, au nom aussi de l'Université, dont fait partie M. Louis Couve, fils aîné de M. J.-B. Couve, a rendu un dernier hommage à sa mémoire.

» En face de cette perte immense, qui nous laisse l'impression d'un grand vide, nous n'essaierons même pas d'adresser à la famille de vaines consolations. C'est à Dieu, à lui seul, que nous devons regarder dans de telles circonstances, c'est lui qui accordera aux affligés les suprêmes consolations.

» Quoi qu'il en soit, M. J.-B. Couve a été et restera pour nous un modèle à imiter. Puisse son exemple être suivi par plusieurs. Il nous a montré quelle devait être la vie du vrai chrétien. Puissent ses nombreuses qualités revivre parmi nos jeunes gens protestants, comme elles revivront et comme elles revivent déjà chez ses enfants.

» L'Union de Bordeaux doit tout ou presque tout à M. Couve; que n'a-t-il pas fait pour elle? La perte qu'elle fait est inappréciable. Mais, loin de nous décourager, nous devons, au contraire, redoubler d'activité et d'énergie. Si Dieu nous afflige, quoique nous ne comprenions pas pourquoi, nous savons cependant que c'est pour notre bien, et l'épreuve, loin de nous abattre, doit nous stimuler, nous rendre plus forts et augmenter notre foi. » E. C. »

CONSISTOIRE DE L'ÉGLISE RÉFORMÉE DE BORDEAUX

Extrait du procès-verbal de la séance du 29 mars 1892.

Présidence de M. le Pasteur CADÈNE, président.

Présents : MM. Cadène et Louitz, pasteurs titulaires, et MM. Dagassan, Desclaux de Lacoste, Dupuy, Faure, Fosse, Goguel, Hausser, de Luze, Manès, Silliman et Valler, anciens.

Excusés : M. le pasteur Mathieu et MM. Kirstein et Lawton, anciens.

Assistent à la séance : M. Recolin, pasteur auxiliaire, et M. Momméja, pasteur *extra muros*.

M. le Président ouvre la séance par la prière.

M. Dupuy demande la parole pour rappeler que, depuis la dernière séance, le Consistoire a été douloureusement frappé, et exprimer le désir qu'une délibération, constatant officiellement les regrets unanimes éprouvés, soit prise et transmise à la famille de M. J.-B. Couve.

M. le Président ajoute que ce n'est jamais sans douleur et sans déchirement qu'on voit disparaître un collègue tel que M. Couve. Il était un des meilleurs, zélé et dévoué entre tous et justement considéré parmi nous et au dehors comme un fidèle serviteur de Dieu. Après avoir signalé la longue présidence de M. J.-B. Couve à l'Union chrétienne de jeunes gens, qu'il avait fondée, et sa vice-présidence dans un grand nombre de Comités, M. Cadène rappelle que M. Couve s'occupait d'œuvres si nombreuses qu'on est confondu à la pensée de tant de travail et d'activité pieuse dépensés au service d'autrui. M. J.-B. Couve avait remplacé dans le Consistoire son vénéré père, dont il a porté avec honneur le nom si difficile à porter. Peu de chrétiens ont donné au même degré leur vie au service de Dieu, et en déposant sur sa mémoire l'expression de nos regrets les plus profonds et les plus affectueux, nous demandons à Dieu, dit M. Cadène, de soutenir sa famille dans cette épreuve et de faire retomber en bénédictions sur ses enfants tout le bien que notre regretté collègue a pu faire pendant sa vie.

M. Silliman tient à rendre à M. J.-B. Couve le témoignage qu'il n'était ni un homme de parti, ni encore moins un chef de parti. Il était guidé par ses convictions et par son cœur. Ses convictions, on pouvait les partager ou les discuter, mais on ne pouvait les nier, et tous ceux qui ont eu occasion de le voir de près peuvent affirmer que c'était toujours avec un chagrin réel et profond qu'il se sentait parfois séparé de quelques-uns de ses collègues et de plusieurs de ceux qui avaient toute son affection.

Le Consistoire, s'associant à l'unanimité aux sentiments qui viennent d'être exprimés, décide qu'ils seront mentionnés au présent procès-verbal et transmis en son nom à la famille de M. J.-B. Couve.

. . . .

Pour extrait conforme :

Le Secrétaire,   *Le Président,*

J. MANÈS.   J. CADÈNE.

SOCIÉTÉ PROTESTANTE DE PRÊTS GRATUITS

(ANCIENNE SOCIÉTÉ DES AMIS DES PAUVRES)

Extrait du procès-verbal de la séance du 11 avril 1892.

Présidence de M. G. SILLIMAN.

Présents : MM. Serr, Momméja, Chambolle, Bessières, Vacqué, Gemon, de Graffenried, Morand, Escande, Silliman, Greggory, Thomas, Moreau, Dietz, Louitz, Ledoux, Fougnet, Bermond, Renous, Monod, Chaudier, Grasset.

M. Videau est excusé.

La séance est ouverte par la prière, dite par M. le pasteur Louitz.

Le Président prononce les paroles suivantes :

« MESSIEURS,

» Après avoir invoqué la bénédiction de Dieu, notre premier devoir est d'exprimer les regrets que nous cause la mort de notre collègue et ami Baptistin Couve et notre profonde sympathie pour sa famille.

» C'est le 14 mars 1863 que notre Société fut reconstituée, et une des premières signatures qui figurèrent sur le registre des procès-verbaux de cette époque et sur un appel qui fut envoyé à tous les protestants, fut celle de notre ami.

» Il n'avait pas vingt et un ans, et déjà il se sentait attiré par tout ce qui était bon, par tout ce qui était élevé.

» Il apportait son concours absolu, son zèle tel qu'il savait le donner, partout où il croyait entrevoir la proclamation de nos grands principes protestants et le soulagement de nos pauvres.

» Il avait la foi, il avait la charité, et Dieu lui a donné l'espérance, qui l'a soutenu jusqu'à ses derniers moments.

» Il s'est souvenu de son Créateur aux

jours de sa jeunesse, et lorsque les jours mauvais de la maladie sont venus, il a eu des paroles d'encouragement et de consolation pour ceux qui l'ont approché.

» Modeste autant que dévoué, notre ami a rempli pendant longtemps les simples et pénibles fonctions d'assesseur.

» Nos amis de la première heure se souviennent de la bienveillance et de la conscience qu'il apportait à ses rapports.

» Il renonça à ses fonctions à cause de ses occupations multiples, et lorsque le départ de M. Fuster laissait vacante la vice-présidence, il fut un des premiers (ayant entendu dire qu'on songeait à lui) à venir me demander d'user de mon influence pour maintenir un pasteur à ce poste.

» Voilà, Messieurs, l'ami que nous avons perdu, et je crois être votre interprète en faisant insérer dans notre procès-verbal cet hommage à Baptistin Couve et en vous proposant d'en envoyer un extrait à sa famille.

» Je pourrais en dire plus long, mais je ne veux pas empiéter sur le rapport de notre secrétaire, qui sera imprimé et distribué.

» Nous avons tous connu, nous avons tous

aimé Baptistin Couve, nous serons fiers d'avoir été ses amis; mais, ce qui vaudra mieux, nous tâcherons de nous inspirer de son exemple. »

M. Dietz remercie au nom de ⸺ famille.

. . . .

Pour extrait conforme :

Le Secrétaire,   Le Président,
G. GREGGORY.   G. SILLIMAN.

Extrait d'une lettre écrite d'Angleterre le 25 avril 1892, par M. le Pasteur Frossard, ancien pasteur anglican à Bordeaux.

« .... C'est en 1862 qu'avec l'aide de Baptistin Couve j'ai commencé mes services pour les marins anglais à bord des navires. Il y en a un compte rendu dans l'*Eglise militante*, 2ᵉ année, juin 1862, intitulé : « Le *Bethel* sur la Garonne ». J'en extrais un alinéa :

« Nous ne pouvions pas entreprendre ce
» nouveau service sans l'aide d'un frère

» chrétien qui se chargeât de visiter les navi-
» res pour inviter les marins individuellement
» au culte, ce que nous ne pouvions faire sans
» négliger les autres devoirs de notre minis-
» tère....

» Nous attendions toujours les indications
» de la Providence, lorsqu'il vint au cœur
» d'un de nos jeunes amis français de Bor-
» deaux, M. C..., de consacrer au service de
» Dieu les moments de loisirs que lui lais-
» saient les affaires. Celui-ci, sachant la lan-
» gue anglaise, entreprit de visiter les navires
» en évangéliste, de distribuer des Traités
» aux marins et de les inviter aux services
» religieux. Ce secours inattendu nous per-
» mit de commencer une œuvre vers laquelle
» tendaient depuis longtemps tous nos dé-
» sirs....

» .... Depuis le mois de février, le pavillon
» bleu, qui porte la colombe de Noé, une
» étoile et le mot *Bethel* en grands caractè
» res, hissé au bout du mât, indique tous les
» dimanches matin le navire qui est devenu
» pour le moment la maison de Dieu.... »

» J'ajoute, ce qui n'est pas dit dans l'article, qui décrit seulement la réunion de

prière et le naufrage de l'*Elisabeth*, qu'il était appelé par ses affaires à visiter les courtiers maritimes et y voyait les capitaines, ce qui lui permettait de fixer les navires pour chaque dimanche; qu'il prenait souvent une petite barque et parcourait la rade, souvent avec le mauvais temps, pour relancer les marins. Plusieurs fois, quand j'étais empêché de me rendre à bord, il entreprenait le service tout seul, entonnant le seul cantique dont il était sûr : « *Roch of Ages.* »

. . . .
. . . .

» .... Il ne négligeait aucune occasion pour faire le bien. Que de pauvres malades ou infirmes ont été édifiés par ses prières! Il se faisait un devoir et un bonheur, chaque fois qu'il venait à Pau, de prendre un moment pour aller faire la lecture et la prière auprès de telle personne qu'il savait être condamnée par l'infirmité à rester étendue et ne pas pouvoir assister au culte public; il n'y manquait jamais, quelque court que fût son séjour....   » E. FROSSARD. »

Les pages qui suivent sont extraites d'un article que M. J.-B. Couve publiait dans le *Bulletin des Unions chrétiennes de France* le 15 août 1876 :

. . . .

« . . . . Il y a trois choses à faire : *Veiller, Prier, Agir*.

» 1° *Veiller*. Il y a diverses manières de le faire. Nous devons, en premier lieu, prendre garde à nous-mêmes, veiller sur notre propre conduite, avoir l'œil sur notre âme, nous souvenant toujours de la recommandation apostolique :

« C'est pourquoi, que celui qui croit être » debout, prenne garde qu'il ne tombe. » (Épître aux Corinthiens, X, 12.)

» Que de tentations sur notre route ! Que d'écueils à éviter ! Que de passions à combattre ! Que de mauvais conseillers ! Que d'obstacles de tous genres ! Que de péchés en nous et autour de nous ! Veillons donc, nous sommes en vue, le monde nous regarde, il nous épie, que dis-je ? il voudrait nous trouver en faute, et alors il se réjouirait, il serait bien heureux de nos défaillances. Veillons sur notre conduite, sur nos paroles, sur nos pensées, sur nos gestes, sur nos actes, sur notre silence même, qui, lui aussi, pourrait être souvent une occasion de chute. Veillons sur les autres, et, par là, j'entends sur nos jeunes frères, membres de l'Union comme nous.

» Nous avons les uns vis-à-vis des autres une grande responsabilité qui ne nous frappe pas assez; il y a entre eux et nous une étroite solidarité dont nous ne nous rendons pas un compte suffisant. Je ne veux pas dire, loin de moi cette pensée, que nous devons être, les uns à l'égard des autres, des docteurs, des sermonneurs, des confesseurs. Non, mais nous devons avoir de la sollicitude, un véritable intérêt, de la tendresse chrétienne — et c'est la meilleure — pour nos frères; nous devons les encourager avec amour, les avertir avec charité, les reprendre avec cordialité, les arrêter avec l'autorité que donne la foi et la force que procure la confiance réciproque. Que de chutes nous éviterions, chers amis, si nous agissions toujours ainsi ! Et, dans tous les cas, quel devoir nous aurions accompli et surtout de quel doux privilège nous aurions usé !

» 2° *Prier*. Que servirait-il de veiller, si, en

même temps, nous ne nous employions pas à la prière, nous rappelant la recommandation de notre Sauveur à ses disciples : « *Veillez et Priez.* » (Évangile saint Matthieu, XXVI, 41), ainsi que l'avertissement de l'apôtre Paul : « *Priez sans cesse* ». (1 Épître aux Thessaloniciens, V, 18.) La vigilance et la prière sont deux sœurs jumelles qui ne doivent pas être séparées. Nous ne sommes forts que par la prière; c'est elle qui nous rapproche du ciel, et qui, par suite, nous éloigne de la terre, de ses misères et de ses mesquins intérêts. Prions, chers amis, dans toutes les circonstances de notre vie : dans le bonheur, pour rendre grâce à Dieu et afin qu'il ne devienne pas un piège pour nous ; dans la tristesse, pour la voir ainsi s'adoucir en nous sanctifiant; dans les moments périlleux et à l'heure de la victoire, toujours et en tous temps. Prions pour nous, mais prions aussi pour nos frères, pour nos chères Unions, pour notre Union, pour chacun de ses membres et pour tous ceux qui, à divers titres, assistent à nos réunions; pour ceux que nous voyons marcher dans une bonne voie, afin que le Seigneur les y maintienne, et pour ceux que nous voyons exposés à des tentations, pour qu'ils en soient délivrés. Il n'y a pas de meilleur moyen de veiller que de prier, comme il n'y a pas de prière plus efficace que celle qui est offerte après avoir veillé et en veillant même. Prions donc avec simplicité, mais avec foi; avec persévérance, mais avec ferveur, au nom de Jésus-Christ, notre unique et puissant médiateur, et Dieu nous exaucera. Il nous bénira, ayons-en la ferme assurance. N'est-ce pas Jésus qui a dit : « *Tout ce que vous demanderez en priant, si vous croyez, vous le recevrez.* » (Évangile saint Matthieu, XXI, 22.)

» 3" *Agir*. L'action, c'est le côté pratique du Christianisme ; elle est recommandée à chaque page de l'Évangile, pourrait-on dire ; elle est une nécessité, un devoir, un privilège pour le chrétien. Et pourtant, l'action personnelle, l'activité individuelle, c'est là ce qui effraie le plus certains chrétiens, comme pour certains autres, plus rares, je crois, c'est leur état de prédilection.

» Pauvre chrétien, en vérité, celui qui serait toujours dans une fiévreuse agitation, — ce qui n'est pas l'action, du reste, — et qui, dans sa vie, ne réserverait pas certaines heures, certains moments pour le calme, la méditation et la prière! Triste chrétien aussi, d'un autre côté, celui qui, sous prétexte qu'il est trop faible, timide, peu éclairé, qu'il n'est pas assez avancé dans la piété et dans la sanctification, ne se mettrait jamais en route, qui ne s'aventurerait pas dans le chemin qui s'ouvre devant lui, n'en ayant pas étudié toutes les difficultés, ni connu tous les détours; en un mot, qui ne travaillerait pas, qui n'agirait pas! Chers amis, c'est surtout à notre âge, dans notre pays et dans notre œuvre, qu'il faut agir.

» Dans un siècle de doute et de superstition comme le nôtre, à une époque où notre génération est ballottée, d'une part, par le vent de l'incrédulité la plus desséchante, et, de l'autre, exposée au souffle énervant d'une religion formaliste, c'est à nous, chrétiens protestants, et jeunes gens en particulier, qu'il appartient d'apporter l'évangile dans toute sa simplicité et dans toute sa divine beauté, à la jeunesse indifférente, sceptique ou peu éclairée qui nous entoure. Entendez-vous : « *La foi sans les œuvres est morte.* » (Épître de Jacques, II, 20.) Il nous faut travailler si nous voulons être fidèles, être utiles autour de nous, et faire valoir, comme c'est notre devoir, les talents que notre Père céleste nous a confiés ici-bas. Souvenons-nous de cette parole bien frappante de l'une des paraboles de notre Sauveur : « *Et ayant appelé dix de ses serviteurs*, il (un homme de grande naissance) leur donna dix marcs d'argent, et leur dit : Faites-les valoir jusqu'à ce que je revienne. » (Evangile saint Luc, XIX, 13.) Voilà ce que nous avons à faire.

» Vous n'attendez pas de moi, maintenant, n'est-il pas vrai, que je fasse ici la description des différentes sphères d'activité qui se présentent à vous. Vous ressembleriez alors à ce paysan qui, placé dans un champ de blé prêt à être coupé, ou dans une vigne chargée de raisins, à l'époque de la récolte, demanderait ce qu'il a à faire.

» Non, assurément, mais, je le répète, *agissez*. Si le mouvement est l'une des conditions nécessaires de l'existence au point de vue matériel, à plus forte raison, dans le domaine spirituel, on ne vit et on ne se développe qu'en proportion de ce que l'on agit. A l'œuvre donc, chers amis, *veillons, prions, agissons*. » J.-B. COUVE. »

AUTOGRAPHE

*(Extrait d'une lettre écrite le 29 août 1880
à M. le Pasteur Cadène.)*

. . . . *................,*
*que Dieu dirige ....,
bien de ceux qui se confient en lui
....
et leur rappelle un bonheur !*

À J. B. Couve

TABLE

J.-B. Couve 5

A LA MAISON MORTUAIRE

Allocution de M. le Pasteur Soulier, de Paris................................... 11
Allocution de M. le Pasteur Cadène, de Bordeaux................................. 15

AU CIMETIÈRE

Discours prononcé par M. J. Manès........ 17
Discours prononcé par M. le Pasteur E. Herding............................... 21
Discours prononcé par M. le Doyen P. Stapfer................................... 30

EXTRAITS DES JOURNAUX

Christianisme au XIXe siècle (G. Meyer). 32
Eglise Libre (H. Fargues).............. 35
Le Huguenot (J. Cadène)................ 39
L'Eclaireur (Th. Escande).............. 41

Le Protestant	44
Journal des missions évangéliques	44
Semaine religieuse de Genève	47
The Christian	48
L'Espérance (E.-C.)	49

Extrait du procès-verbal du Consistoire de l'Église réformée de Bordeaux	54
Extrait du procès-verbal de la Société protestante des Prêts gratuits	57
Extrait d'une lettre de M. le Pasteur E. FROSSARD	60
Extrait d'un article de M. J.-B. COUVE, écrit pour le *Journal des Unions Chrétiennes de France*.	63

www.ingramcontent.com/pod-product-compliance
Lightning Source LLC
LaVergne TN
LVHW050622090426
835512LV00008B/1613